Anonymous

Die Herren und die Frauen-Insel, nicht auf dem Chiemsee,

sondern auf dem Meere

oder die doppelte furchtbare Verschwörung ohne Morithat

Anonymous

Die Herren und die Frauen-Insel, nicht auf dem Chiemsee, sondern auf dem Meere
oder die doppelte furchtbare Verschwörung ohne Morithat

ISBN/EAN: 9783743415317

Hergestellt in Europa, USA, Kanada, Australien, Japan

Cover: Foto ©ninafisch / pixelio.de

Weitere Bücher finden Sie auf **www.hansebooks.com**

Zeisig, Lungel und Leber.

Dicht am Meere, auf einer kleinen felsigen Anhöhe der französischen Insel **Bonvin**, auf deutsch Gutwein, in einem großen, aus Holz erbauten Hause, in einem geräumigen Zimmer mit der schönsten und weitesten Aussicht über den unermeßlichen Wasserspiegel, saß der Postexpeditor der Insel und Zeitungsschreiber Dr. Zeisig, ein sehr schöner junger Mann von 25 Jahren, seit zwei Jahren auf dieser Insel als deutscher Flüchtling lebend, wie seine neben ihm sitzenden zwei Zeitungsschreibergehilfen, Dr. Lungel und Dr. Leber, welche alle drei in Deutschland durch mißliebige Zeitungsartikel sich vergakelt, und rechtzeitig gewarnt, durch die schleunigste Flucht der Verhaftung und einer schweren Verurtheilung sich glücklich entzogen hatten.

Diese drei Herren hatten sich den Doktortitel selbst beigelegt, wie es noch jetzt in Deutschland bei den meisten Zeitungsschreibern und sogenannten Literaten Mode ist. Dieser Titel ist ihnen wohl zu vergönnen, da er oft das Einzige ist, was sie haben, und woran sie in der Noth, wie an einem Hungertuche nagen können.

Da Dr. Zeisig mit der größten Fertigkeit deutsch, französisch, italienisch und englisch sprach und schrieb, so wurde er von dem Gouverneur der Insel, Herrn Damian Pürzl, einem Deutschen, als sehr willkommen freundlichst empfangen, und sogleich als Sekretär bei ihm angestellt, in welcher Eigenschaft er alle Berichte an das vorgesetzte Ministerium in Paris in französischer Sprache anfertigen mußte. Wegen seiner Sprachfertigkeit wurde er auch zum Postexpeditor ernannt, und da ihm alle diese Geschäfte bei er Gewandtheit noch Zeit genug übrig ließen, so er mit Zustimmung des Gouverneurs ein Wochen- tt heraus, welches immer die amtlichen Verord- ıgen mittheilte, ferner zweckmäßige Rathschläge, ücht.ich eines vortheilhaften Betriebes der verschie= ·u Geschäfte der Inselbewohner, Auszüge aus den ·eilen durch ankommende Schiffe überbrachten ıngen, hinsichtlich der Ereignisse in Frankreich und ıdern Ländern, und zum Schlusse unter der Auf- t „Ditschi" „Datschi" allerlei dumme und ·liche Vorfälle auf der Insel, sowie vermeintlich ·n gehaltene Stückeln der Frauen und Mäd= welche ihm von diesen selbst, aus wechselseitiger chaft, oder durch erbitterte Dienstboten anvertraut ı. Natürlich blieben in der Wochenschrift, die el „das Meerfräulein" führte, die Namen ·chgehechelten Personen ungenannt.

;egen blieben aber auch die weiblichen Anzei- nicht verschont, und ihre eigenen losen Streiche sie immer schon im nächsten Wochenblatte "lagten sie sich dann über ein so schonungsloses ı und ob dieß der Dank sei, für ihre Mit= so antwortete Dr. Zeisig lächelnd: „Trösten meine lieben schönen Damen; gerade aus für Sie hab' ich auch über Sie lustige ·n in das Wochenblatt aufgenommen, damit keinen Verdacht gegen Sie haben können, ı viele Unannehmlichkeiten zuziehen könnte."

Entschuldigung ließen sie sich gefallen, und bigt von bannen.

isig war als Wochenblattschreiber ein ?laubauf für alle Frauen und Mädchen, ıblich gehaßt hätten, wäre er nicht ein ·swürdiger, ein gar so schöner, und gar nger Mann gewesen, in welchen sie Alle verliebt waren, aber leider hoffnungslos; denn der lockere Zeisig hatte schon eine Geliebte, ohne daß es Jemand wußte oder auch nur merkte, die wunderschöne und brave Emilie, die schon in Deutschland sein Herz besaß, und mit ihrer Mutter, einer Wittwe, ihm auf seiner Flucht gefolgt war. Emilie hatte schon in der deutschen Stadt, aus der sie kam, den Ruf als erste und vortrefflichste Modistin und Kleidermacherin sich erworben, und betrieb dieses Geschäft in der hölzernen Hauptstadt der Insel Andoniletta mit Namen so schwunghaft, daß sie immer 10—12 Lehrmädchen beschäftigte. Die bisweilen an der Insel landenden Schiffe brachten ihr immer die neuesten Pariser Modejournale, auf die sie abonnirt war, nebst allen zu ihrem Geschäfte nöthigen Waaren in Seide, Wolle Baumwolle, Linnen, Bändern, Federn, und Aufputze jeder Art.

Durch den reichen Ertrag dieses Gewerbes verlockt, hatten auch andere Frauenspersonen ihr Glück darin versuchen wollen, aber durchaus kein Glück gemacht. Es fehlte ihnen die gleiche Geschicklichkeit, der rechte Geschmack und vor Allem das unbedingte Vertrauen, dessen Emilie sich unerschütterlich erfreute. Sie mußten ihre Unternehmungen wieder aufgeben, die ihnen aber gewiß gelungen wären, wenn sie gewußt hätten, daß der schöne Dr. Zeisig, den keine Frauensperson der Hauptstadt einer Andern vergönnte, Emiliens Liebhaber sei. Aus Rache würde bei ihr Keine mehr etwas bestellt, und sich lieber mit der schlechten Arbeit der Uebrigen begnügt haben.

Dieß wußte der schlaue, wie Erbsensuppe durchtriebene Ferdinand Zeisig sehr gut und hüllte deßhalb seine Liebe in ein vollständiges Geheimniß, um Emilien den reichen Ertrag ihrer kunstreichen Nadel nicht zu entziehen, welchen die beiden Liebenden, nebst

n Zeisig's von seinem Gehalte als
erausgeber des Wochenblattes: „Meer=
späteren Begründung eines wohlhaben=
ndes bestimmt hatten.
Dr. Lungel und Dr. Leber eilfertig
Wochenblatt schrieben, durchlas Zeisig
zuletzt erhaltenen Zeitungen aus Paris,
topf und sagte:
bedenklich aus in Paris; der größte
vohner ist mit dem Ministerium unzu=
ich mit dem Könige, weil er es unter=
prt in allen Ecken der Hauptstadt, und
Gesellschaften, nach denen die Polizei
)t, vermehren sich täglich. Gewiß wird
Ausbruche kommen, zu einem Kampfe
f Barikaden mit den Soldaten.
gen sind schon einige Jahre alt, und
werden uns das Ende vom Liebe, den
Kampfes melden; denn ohne Zweifel
Alles vorüber sein. Aber wer ist der
önig oder das Volk?"
ig wird der Sieger sein" meinte Dr.

enug tapfere Soldaten hat."
l X. hatte sie auch und wurde 1830
ieberte Zeisig.
f zuckte die Achseln und schwieg.
er König Louis Philipp die Partie
ist jetzt Frankreich eine Republik,"
)er.
mit deiner Republik vom Halse!"
sig; „das wäre das Miserabelste, was
un könnten; und ich halte sie dazu
sie müßen ja aus Erfahrung wissen,
ine Republik nicht gut thut. Sie

werden sich an die Schreckenszeit von 1739, an den Mord des guten Königs Ludwig XVI. und der unschuldigen Königin Marie Antoinette, an die zahllosen Opfer der Guillotine erinnern. In einer Republik gibt es niemals Ruhe für das Volk, weil jeder Verwegene durch Bestechung oder Gewalt nach der höchsten Stelle in der Republik strebt. Zum Wohle des Volkes ist überall ein volksfreundlicher König nothwendig."

Dieses Gespräch wurde indeß nicht weiter fortgesetzt.

„Freund Zeisig," sagte Dr. Lungel, „zum Ditschi-Datschi im Wochenblatte fehlen noch zwei Spalten."

„Ah, eben recht!" erwiederte Zeisig. „Ihr wißt, daß der Besitzer des neu eingerichteten Gasthofes „zum Paradies" Jedem von uns drei große Schinken und drei Flaschen des besten Weines gesendet und bei dem Eröffnungs-Festessen uns kostenfrei vortrefflich bewirthet hat. Er wollte uns damit schmieren, in der zuversichtlichen Hoffnung, einer besonderen Anempfehlung seines Gasthofes und in der Absicht, unsere Dankbarkeit zu bethätigen, habe ich bei dem Festessen einen Speisezettel mitgenommen und in Reime gebracht, die wir im „Ditschi-Datschi" dem Publikum mittheilen wollen."

Er zog den gereimten Speisezettel unter aufgehäuften Papieren hervor, und las ihn vor.

Der Mustergasthof zum Paradies.

Ein schönes G'sangel, in Musik gesetzt vom Kapellmeister Lustig, gesungen von den in der dortigen Küche gekochten Sängern und Sängerinen: Henne, Huhn, Hase, Reh, Kalb, Spannferkel, Kapaun, Gans, Ente, Schwein, Taube, Indian, Lamm, Schaf, Ochs, Fisch, Wurst u. s. w.

e das G'sangl mit einem Reim,
die kräftige Suppe von Schleim,
eschnittene Nudelsuppe mit Henne,
on meinen Leibspeisen nenne;
mt ein gebratenes Huhn,
man nicht viel hat zu thun,
saftig gebratener Hase
rch lieblichen Duft die Nase.
ich von Weitem seh',
t ein Braten von Reh;
lgen natürlich die drei Wahrzeichen,
jedem Gasthof die Hand sich reichen,
lten darin als Ewigkeitsregel:
n von Nieren= Brust= und Schlegell
t mit einem Citronenschnörkel,
sich ein gemüthliches Spannferkel,
ist ein Viertel von einem Kapaun
in niedliches Speiselein anzuschau'n.
nd auf Sauerkraut winket dort — wann's
schon verzehrt ist auch eine Gans,
echselnd am Tafelfirmamente
ihrer kleinen Schwester der Ente.
r so manchen Speisen, die sich nahten,
ht man den appetitlichen Schweinsbraten,
es wird die gebratene Taube,
genügend dem Hunger zum Raube,
d der hochmüthige Indian,
chelt die vornehmen Esser an.
s Sprößlinge aus der Unschuld Stamm,
in Braten vom Schaf erscheint und vom Lamm,
nd ein gebratenes Rindfleisch auch,
um Unterschiede nach altem Brauch;
Beefsteak mit Kartoffeln und Senf,
Wie man es nicht besser speiset in Genf;
Der Kalbskopf gar saftig abgebräunt,
In zierlichen Schnitten auf dem Teller erscheint,

Und der unvermeidliche Boef à la mode,
In leichter Sauce, nach bekannter Methode;
Zartes Kalbfleisch, fein eingemacht,
Um den Schlaf zu erleichtern in der Nacht;
Abgebräunt oder in Sauce eine Zung',
Gar fein und zart, recht frisch und recht jung,
Eine männliche, denn eine weibliche nimmt man nicht,
Weil sie gekocht sogar, das Schweigen bricht, —
Und, wenn sie auf der Zunge des Gastes ist,
Noch in Plauderworte statt in Saft zerfließt.
Was irgendwie spendet ein glücklich Gestirn,
Ist wohlfeil zu haben hier: in der Sauce ein Hirn;
Mancher oft lieber sich bringen ließ',
Auch in der Sauce, ein Kalbsbries.
Den Teller bedeckt, weiß wie aus Wachse,
In Essig abgesotten die Kalbshaxe,
Nach welcher der Hunger spannt alle Segel,
Viel lieber als nach dem gedünsteten Kalbsschlegel;
Daß im Verhältniß zur Haxe der Schlegel ist kleiner,
Dieß unnatürliche Wunder erkläre mir Einer!
Wessen Appetit nicht ist im Stande der Gnade,
Der greife nach einer zierlichen Karbonade.
Bei saurer Leber und saueren Nieren,
Kann man den Katzenjammer verlieren.

„Siehst du, Freund Leber," unterbrach Zeisig sein Vorlesen, indem er lächelnd auf ihn blickte, „wie nützlich du der besoffenen Menschheit werden könntest, wenn du dich mit Essig wolltest genießbar machen lassen!"

Dr. Leber und Dr. Lungel lachten hell auf, und Dr. Zeisig fuhr fort:

An Fasttagen kommt ein gebackener Fisch,
Oder auch anders bereitet auf den Tisch.

ste, Weißwürste und Würste von Leber,
du dich auch wieder nützlich machen,
er!" witzelte Zeisig.
ertreffliche Gastgeber.
istetchen, und Zeisigbrüsten,
uns zwei an, Freund Lungel!" be=
ig.
nschmekern immer gelüsten
artoffel, Mehlspeis, Kalbsfri=
cando,
Glied warten auf das Commando.
Omelettes aux confitures nicht ver=
gißt; *)
anzösisch versteht, auf deutsch sie ißt.
erwähnen der Speisen der kalten,
 die warmen auch kalt kann erhalten,
Schinken, kalten Braten und
Zungen,
lz darf ich rühmen als gelungen.
n Salate von Sellerie
kraft kennenden Liebhabern ein;
lat, Salat von Kartoffeln und Rannen,
r für die Nichtkommer, für die Profanen:
Stück von dem Schweizerkäse,
esterregendes Magengräse;
chluß des Speisezettels zu feiern,
n eine Portion Salat mit Eiern.
e sind ächt, delikat und so fein,
n im Himmel gewachsen sie sein.
ee ist arabisch, der Rahm ist zum
Schreiben,
uß uns der türkische Kaiser beneiden.
aber in der großen Küche,
er dusten die Speisengerüche,
üllte Pfannkuchen.

Kann der Gast im Vorübergehen,
Die schöne Köchin Marie sehen,
Wie sie amtirt unter Lehrmädchen,
Die Abends drehen die Spinnrädchen,
Und mit dem Kochlöffel kocht, wie für Kenner,
Und durch Anmuth gewinnt die Herzen der Männer.
Im Gastzimmer nebenan ist mein Schatz, die Fani,
Eine staatliche Gestalt, wie die Sängerin Catalani,
Deren liebliches Gesicht holdselig glänzt,
Wenn sie den Gästen das Bier kredenzt.
Es könnten fürwahr ihre prächtigen Augen
Recht bequem zum Cigarrenanzünden taugen.

„Ah, vortrefflich!" rief Dr. Lungel aus, „ein köstlicher Einfall, und dabei ein schweres Stück Arbeit! Dafür spazieren schon wieder einige Schinken und Flaschen Wein in unsere Zeitungsstube."

„Gemeiner Ausdruck: Zeitungsstube! Man sagt: Redaktionssalon!" versetzte Dr. Leber.

„G'hupft, wie g'sprunga! pflegen die Leute zu sagen, und haben Recht," äußerte Dr. Lungel.

„Apropos, Zeisig! ich meine, du solltest zu Ehren deines schönen Gedichtes dasselbe dieses Mal in einem

Extrablatt des Wochenblattes

mit andern Stückeln geben, und diese statt mit Speck, der zu einem gebratenen Hasen gehört, mit den pikanten Sardellen deines Witzes spicken. Jeder Bewohner der ganzen Insel, jeder Bewohner unserer Hauptstadt, wird das Extrablatt kaufen, und unsere Zeitungskasse eine außerordentliche Einnahme machen.

„Ein sehr guter Gedanke!" sagte Dr. Leber; „ich bin ganz damit einverstanden, und wir haben dann wohl Platz für den ganzen Vorrath an solchen Stoffen, die du in deinem Schreibpulte hast."

„O du liebe Einfalt!" lachte Dr. Zeisig. „Wollte ich nur den zehnten Theil meines Stoffvor-

n Extrablatte herausgeben, so müßte
, daß ich für unsere ganze Insel die
en lang und 6 Meilen breit ist, eine
ierene Sommerdecke daraus machen
aben zwar die Druckerei in unserem
ie viele Setzer, Pressen und Drucker,
eser Arbeit haben!
von Euch gewünschten Extrablatte bin
ı. Aber gerechter Strohsack! wie viele
wir bekommen, wenn man uns nach-
daß wir uns über die Einwohner der
er irgend eine andere menschliche Kre-
nsel absichtlich lustig und sie lächerlich
! Es ist also die größte Behutsamkeit
müssen deutsche und Inselstückchen
reinander mischen, daß sich vor lauter
Niemand auskennt; aber wen es juckt,

leich den Eingang zum Extrablatt des
hi, das wohl zu einem Extrabogen
te, Freund Lungel, den ich dir in die
- Dr. Lungel schrieb:
blichen und schriftlichen Wünschen ein
s so allgemein beliebten Ditschi-
zugeben, seit längerer Zeit fast täglich
es die ergebenst unterzeichnete Redaktion
Pflicht, diesem ehrenden Verlangen zu
och mit dem ausdrücklichen Bemerken,
n Deutschland Erlebtes mittheilt,
ntworlichkeit von sich ablehnen muß,
oder Aehnliches zu irgend einer Zeit auf
en und friedlichen Insel sich sollte er-

des Wochenblattes und dessen Beilage:
„Ditschi-Datschi."
g, Dr. Lungel, Dr. Leber."

1.
Heirathsantrag.

Ein sehr schöner Jüngling, erst 23 Jahre jung, der seines Gleichen sucht in der Kunst, den ganzen Tag gar nichts zu thun, ohne deßwegen Langweile zu haben, wünscht zu noch höherer Ausbildung in diesem schwierigen Berufe, fünfzigtausend Gulden zu heirathen, gleichviel, ob sie in einer jungen oder in einer alten Schachtel liegen. Näheres ist zu erfragen in jedem Bier-, Wein- und Kaffeehause in der Stadt

2.
Weibliche Schönheit.

Eine steinreiche Wittwe, Besitzerin von zwei großen schuldenfreien Landgütern mit vortrefflichen Weinbergen und zwei Bräuhäusern, dann von einem baaren Vermögen von hunderttausend Gulden, möchte gern einen Jüngling von 21—24 Jahren heirathen; der nichts Anderes zu thun hätte, als für sie zu leben. Er braucht keinen Kreuzer Geld zu haben, soll aber ein willfähriges Gemüth besitzen. Aus weiblicher Schüchternheit und um nicht als eitel zu erscheinen, hinterlegt sie bei der Redaktion dieses Blattes ihre Photographie nicht, ladet aber den Nachfragenden ein, sie auf ihrem Landgute Sechzigau, zu besuchen, wohin sie gestern von ihrem andern Landgute Altesfell zum Sommeraufenthalte gezogen ist.

Bemerkung. Sechs Wochen später war sie die Gattin des obigen „schönen Jünglings" geworden, und machte sogleich die eifrigsten Versuche, ihm das Nichtsthun abzugewöhnen. Durch Zufall ist uns ein Brief in die Hand gekommen, den der „sehr schöne Jüngling," welcher nun ein Ehemann geworden war, acht Tage nach seiner Vermählung an ein recht hübsches Mädchen schrieb, und der also lautete:

bes holdes Fräulein Rosine!

daß Sie es wissen, hab' ich schon lange
uf Sie geworfen, besitze aber glücklicher-
beide Augen, um damit recht gut zu
ich nur dann mich ganz glücklich schätzen
n sie meine Gattin würden. Als ein armer
ourfte ich aber dieses Glück nicht hoffen;
hätte mir gewiß Ihre Hand verweigert.
ete also, wie Sie in der Zeitung werden
n, eine steinreiche Wittwe, deren Alter
3 und 75 Jahren schwebt. Am Verlo-
setzte sie mich durch ihr gerichtliches Te-
ihren Universalerben ein. Sie kränkelte
athmet täglich schwerer, so, daß es wohl
lange mit ihr dauern kann. Ich thue
arkeit mein Möglichstes, um ihr das Leben
, denn sie liebt mich herzlich, und mehr
b ist. Aber wenn sie stirbt, kann ich sie
ufhalten; dafür soll der Doktor sorgen.
ünf Doktoren, und beßhalb zweifle ich,
rirt werden wird. Sobald nach Gottes
hem Rathschlusse sie von diesem irdischen
le abberufen wird und meine dreimonat-
änen über ihren Verlust getrocknet sind,
bei Ihrem Herrn Vater um Ihre schöne
ilten, Sie zu meiner Universalerbin ein-
als herzlich geliebte Gattin auf meine
ühren. Sie können Ihre ganze Familie
und Ihr Herr Vater, der ein so berühm-
iker ist, braucht dann als ganz sorgenfrei,
st nur mehr zu seiner Unterhaltung zu
Mit Ihnen und ihrer lieben Familie wird
eit zu mir kommen, und sie sollen gewiß
he haben, sich über mein Nichtsthun zu
:enn ich nehme mich jetzt schon um die

zwei Bräuhäuser, um den Geflügelhof, die Jagd und Fischerei sehr thätig an.

„Verplempern Sie sich also inzwischen nicht! Warten Sie geduldig, um später glücklich zu machen sich selbst und

Ihren größten Anbeter
Alfred Ruher,
Landgüterbesitzer und Geldbroz, wie die gemeinen Leute mich schimpfen werden."

Schon 15 Monate später wurden die beiden Leutchen, ein glückliches Pärchen. — So kann's gehen auf der Welt! —

3.
Ein Appetitschnitzl.

Ein junger Mann, der immer mehr Hunger und Durst hatte, als Geld, trat in ein Speisehaus und fragte die Aufwärterin, was er zu essen bekommen könne.

„Sie kommen leider zu spät, mein Herr," antwortete diese, „es ist schon Alles von den täglichen Gästen verzehrt worden."

„Das ist recht fatal! Fragen Sie doch die Köchin, ob denn gar nichts mehr da sei. Die Köchin in einem Speisehause pflegt doch sonst immer etwas aufzuheben, um etwa einen von ihren Verehrern unter den täglichen Gästen zu befriedigen, im Falle er zu spät kommen sollte. Thun Sie mir diesen Gefallen, lieber Schatz!"

„Ja, Ihr Schatz wenn ich wäre!" erwiederte die Aufwärterin lachend, eilte in die Küche, und kam bald mit freudestrahlendem Gesichte zurück.

„Nun, wie steht's?"

„Gut! Sie haben es richtig errathen. Die Köchin sagte mir, daß sie für ihren Liebhaber ein Appetitschnitzel aufgehoben, weil er aber gar nicht kommen

cheine, so soll ich es gleichwohl Ihnen

ür ein Appetitschnitzel ist es denn?"
Portion Schlegel in der Rahmsauce mit
ern."
ostet diese Portion Schlegel?"
n Kreuzer."
s kostet die Rahmsauce?"
hmsauce kostet nichts."
ohl! Bringen Sie mir also die Rahm-
apern, und eine Kreuzersemmel! —

e mit den Kapern blieb zwar aus,
Kreuzersemmel! ging er still nach
Haus.

4. Eine Bierfrage.

inzchen, erinnerst du dich noch an das
1817?"
„Nicht mehr recht, Herr Lehrer."
Warum?"
„Weil ich erst 20 Jahre später

so! . . . Nun, dieß thut nichts zur
lt sich nur von einer Rechnungs-
nzchen! Im Jahre 1817 kostete
200 fl. und darüber, und der
fl., die Maß braunes Bier (aber
r Zentner Hopfen 18 fl. und der
. Wie mußt du also die Frage
, was jetzt die Maß Bier kostet?"
Ich muß fragen: Wenn 200 fl.
uzer geben, wie viele Kreuzer
.
so, Fränzchen! Nimm jetzt die
 der Tafel!"

Fränzchen rechnet.

Lehrer: „Nun, wie viel kostet die Maß braunes Bier in diesem Jahre?"

Fränzchen: „3 Pfennige und $\frac{12}{65}$ Pfennige."

Lehrer: „Den Bruch kannst du weglassen."

Fränzchen: „Also 3 Pfennige.

Lehrer: „Brav, Fränzchen, gerechnet hast du ganz richtig, aber das Bier kostet halt doch vier Kreuzer und drei Pfennige."

Fränzchen reißt vor Verwunderung das Maul auf, wie ein Haifisch und schaut den Herrn Lehrer mit Augen an, so groß, wie ein paar Halbguldenstücke.

Eine Semmelfrage.

„Anton," sagte der Lehrer, „ich habe gestern auch vom Preise des Weizens im Theuerungsjahre 1817 gesprochen. Wie groß könnte nach dem jetzigen Preise des Weizens eine Kreuzersemmel sein, wenn sie möchte?"

„Wie ein Tranchierteller."

„Du übertreibst, Anton; höchstens wie ein Suppenteller?"

„Aber warum ist sie denn nicht so groß, wie ein Suppenteller?"

„Weil dann ihr Umfang zu unbequem wäre; du könntest sie ja nicht mehr in beine Tasche stecken."

„Ei, da dürfte ja der Bäcker statt der Kreuzersemmeln nur Bräuhausknechtfaustgroße Pfennigsemmeln backen!"

„Kein übler Einfall, Anton; aber dadurch beweisest du, daß du kein rechtes Talent hast, bereinst ein rechter Bäcker zu werden."

Eine neue schreckliche Krankheit.

Wenn der Stadtgerichtsarzt Dr. Schnapperl so geschickt wäre, als er grob ist, so würde er der berühmteste Arzt in ganz Deutschland sein. Von einen übrigen ärztlichen Kollegen pflegte er unter vier Augen immer nur per Esel, Ochs, Rindvieh zu sprechen. Jene von ihm behandelten Kranken, welche die von ihm verordneten „Tränkeln, Säfteln und Pulverln" einnahmen, starben gewöhnlich, wenn sie nicht eine Natur hatten, die gar nicht umzubringen war; gerettet wurden aber alle seine Patienten, die so klug waren, die von ihm verschriebenen Medizinen unberührt wegzuschütten. Mit diesen von ihm unverschuldeten Heilungen prahlte dann Dr. Schnapperl in der ganzen Stadt, ohne daran zu denken, daß die Geretteten überall die wahre Ursache ihrer Genesung erzählten, und dabei über den Dr. Schnapperl nach Herzenslust lachten.

Eines Tages war er in seinem Zimmer eben beschäftigt, eine Menge Rechnungen für gemachte Krankenbesuche zu schreiben, um sie dann durch seinen Bedienten an die **Hinterlassenen** seiner Patienten austragen zu lassen, als plötzlich der Kaufmann **Wage** und der Schreibmaterialienhändler **Papierschnitzel**, ohne anzuklopfen, hereinstürzten.

„Was gibt's, was gibt's?" fragte Dr. Schnapperl, hastig von seinem Lehnstuhle auffahrend.

„Folgen Sie uns schnell zum Juwelier **Ring**, unserm besten, schwer erkrankten Freunde, Herr Stadtgerichtsarzt! Der Wagen steht schon vor der Hausthüre, Sie brauchen bloß einzusteigen; aber um Gotteswillen schnell, schnell!"

„Was fehlt ihm denn?" fragte Dr. Schnapperl, während er seinen häuslichen Flausrock ablegte und dagegen seinen grauen Krankenbesuchsrock anzog.

„Ach, Gott, Freund Ring hat das **Streckfieberl**!" jammerte der Kaufmann Wage, und wischte sich die Thränen des Mitleids aus den Augen.

„Sie sind ein Narr!" erwiederte der Doktor

höflich, „es gibt gar keine Krankheit, welche Streck-fieber heißt."

„Wir haben ja selbst gesehen," bemerkte Papier-schnitzel, „daß der arme kranke Freund immer länger wird."

„Nun, so wollen wir sehen! Es soll mich freuen, eine neue Krankheit entdeckt zu haben, die ich ganz gewiß heilen werde."

Im gestreckten Trabe fuhren alle Drei zu dem Patienten Ring, der in einem sehr großen Saale lag, dessen Fenstervorhänge geschlossen waren, so daß es merklich dunkel war. Sie traten behutsam auf den Zehen ein. Aber wie staunte Dr. Schnapperl, als er den Kranken in einer Länge von fünf Ellen liegen sah! Er schlich zu ihm hin, und fragte nach seinem Befinden.

„Bringt mich um," schrie der Kranke, „denn ich kann die schrecklichen Schmerzen nicht mehr ausstehen, die meinen Leib, wie ein Perspektiv auseinanderziehen!"

Der Doktor griff nach dem Pulse, empfing aber von Ring sogleich einen so heftigen Puff, daß er einige Schuh weit zurücktaumelte. Mühsam aufstehend sagte er: „Mit Patienten muß man Geduld haben. Er fantasirt schon! Diesen Zustand hat er sich ohne Zweifel dadurch zugezogen, daß er über eine Treppe hinuntergefallen, oder einen unglücklichen Sprung über einen Heuwagen gemacht hat; daran ist das verfluchte Turnen schuld!" Dr. Schnapperl wußte nämlich, daß Ring ein leidenschaftlicher Turner sei.

„Da mögen Sie Recht haben," erwiederte der Kaufmann Wage; „denn gestern zappelte er in der Turnschule so lange am großen Schwungseile, bis ihm alle Knochen krachten, und aus ihren Gelenken traten."

„Da haben wir's ja! Mein Gott, ich weiß ja

Alles!" sagte der Stadtgerichtsarzt mit hochmüthiger Zuversicht.

Die beiden Freunde und der Bediente standen in der Nähe des Patienten, der mit kreischender Stimme schrie:

„Werft den Kerl hinaus!' und in dem nämlichen Augenblicke wieder 1 Elle und 7 Zoll länger wurde, so daß man noch zwei Stühle unterschieben, und deßhalb die Saalthüre öffnen mußte, die in ein nahes großes Zimmer führte, weil man wohl erwarten konnte, daß seine Länge noch um etliche Ellen zunehmen werde.

Dr. Schnapperl verordnete Bäder von starkem Weinessig, damit der Leib sich wieder zusammenziehe, und innerlich alle 5 Minuten einen Vorleglöffel voll von diesem Essig einzunehmen. Die Bäder konnten aber nicht gebraucht werden, weil keine Badewanne aufzutreiben war, worin der Kranke Platz gefunden hätte, der nun bereits 6⅔ Ellen lang geworden war.

„So wickelt den Kranken in ein Stück Leinwand von 50 Ellen, das zuvor in den stärksten Weinessig getaucht worden ist, und alle drei Minuten muß diese Eintauchung und Einwickelung wiederholt werden, gebot der Doktor und ließ sich dann wieder nach Hause fahren.

Am andern Morgen meldeten die beiden Freunde des gestreckten Juweliers dem Dr. Schnapperl, daß der Kranke über Nacht um 3⅔ Ellen kürzer geworden sei, und am vierten Tage kam der Patient, welcher wieder auf seine natürliche Länge von 5 Fuß 11 Zoll eingegangen war, persönlich zum Herrn Stadtgerichtsarzte, um ihm für seine schnelle und wunderbare Heilung von der schrecklichen Streckkrankheit zu danken, und seine Schuldigkeit zu entrichten.

Höchst erfreut hatte Dr. Schnapperl nichts Eilfertigeres zu thun, als eine gelehrte Abhandlung über die neue von ihm entdeckte und geheilte furchtbare Krankheit, genannt das Streckfieber, über das Entstehen, den Verlauf und die Kurart desselben zu schreiben, und an eine berühmte medizinische Zeitschrift einzusenden, welche diese Abhandlung sogleich abdruckte, und dem geistreichen Dr. Schnapperl die große goldene Medaille nebst den schmeichelhaftesten Lobsprüchen übersendete.

Acht Tage nach dem Erscheinen der gedruckten gelehrten Abhandlung des Dr. Schnapperl, lag im Lesevereine ein Witzblatt auf dem Tische, das an jedem Sonntage in der Hauptstadt erschien und folgenden Artikel enthielt:

„In einer gewissen Stadt hat sich eine Art von Eulenspiegel den Spaß gemacht, sich auf ein mehrere Ellen langes Brett zu legen und mit diesem auf 6 Stühle heben zu lassen. Er wurde vom Halse an ganz mit Betten überdeckt, an deren Ende zwei Stiefeln täuschend befestigt waren. Unter dem Vorwande am Streckfieber zu leiden, ließ er einen berühmten Arzt rufen, der ihn in einem mehr als halbdunklen Zimmer immer noch länger werden sah. Sehr praktisch ließ er den Kranken, wie einen zum Braten bestimmten Hasen in Essig legen, und zum Zusammenziehen innerlich mit Essig überschwemmen; natürlich wurde davon kein Gebrauch gemacht. Uebrigens fehlte es, wie wir gehört haben, nicht an vielen grundgelehrten Aerzten, die diesen Eulenspiegelstreich für eine zweifellose Wahrheit gehalten, und sich dadurch gründlich blamirt haben."

Als der Herr Stadtgerichtsarzt in den Leseverein trat wurde dieser Artikel unter allgemeinem lauten Gelächter vorgelesen und der große Heilkünstler gefragt, was er dazu sage?

Herren," antwortete dieser gleichfalls
Sie wissen ja, daß ein Witzblatt alles
heilige lächerlich zu machen sucht, wie
Schiller schon gesagt hat:
die Welt das Strahlende zu schwärzen,
Erhabene in den Staub zu ziehen."
er blieb fest in seinem Glauben an das
ieber, obgleich ein solcher Fall weder in
h in irgend einer Praxis auf der Welt je-
:ber vorgekommen ist.

)las Wasser als Retter in der Noth.

junges Mädchen heirathete einen sehr alten
Dieß war dumm von Beiden. Aber der
te Mann war auch sehr reich, und das
:n hoffte bald eine sehr reiche, junge Wittwe
den, und dann ihren früheren armen Lieb-
heirathen, und wie man zu sagen pflegt,
lich machen zu können. Es hatte aber allen
in, daß die junge Frau auf diese Zeit des
:s noch lange werde warten müssen.
)er Liebhaber praktizirte bei einer, nur eine
de von der Stadt entfernten Gerichtsbehörde,
besuchte an jedem Sonn- und Feiertage seine
lalige Geliebte, um sich mehr nach dem Befinden
Mannes zu erkundigen, als nach dem ihrigen,
zwar zufällig immer um 11 Uhr Vormittags, weil
oußte, daß der Mann regelmäßig um diese Zeit
Stammgast in einem Weinhause schöppelte.

Eines Sonntags war der Liebhaber bei der jungen
au eben auf Besuch im ersten Stocke ihres schönen
uses, auf einem Stuhle sitzend, während sie hinter
Blumentöpfen am Fenster stand, und unwillkürlich
f die Straße schaute, als sie zu ihrem größten
hrecken ihren Mann so eilig kommen sah, als es
n seine alten Podagrafüße erlaubten.

Sein Kommen zu so ungewöhnlicher Zeit erregte in ihr den schuldbewußten Gedanken, daß ihrem Alten der Besuch eines Jungen sei verrathen worden. Er trat bereits in's Haus, rückwärts war kein Ausgang; es gab kein Mittel den Liebhaber zu verstecken. Was jetzt thun, ihr Mann war schrecklich eifersüchtig; er wußte zwar nicht, daß der junge Mann früher ihr Liebhaber war, und kannte ihn gar nicht von Person, allein das Antreffen des Besuchers hätte jedenfalls schlimme Folgen für sie haben können.

„Ha ein guter Einfall zur rechten Zeit rettet uns!" sagte Sie zu ihrem Liebhaber; „überlassen Sie Alles mir!"

Sie hörte bereits die Schritte ihres Mannes durch den langen Gang, als sie ein volles Glas Wasser, das auf ihrem Waschtische stand, ergriff und über den Liebhaber goß, dann das Glas schnell auf das Gesims des offenen Fensters stellte, und mit ihrem feinen Taschentuche ihn abzutrocknen begann, indem sie sagte, als eben ihr Mann eintrat und verwundert stehen blieb:

„Verzeihen Sie meine Unbesonnenheit, mein Herr! Es thut mir unendlich leid, aber nur der Zufall ist Schuld daran; denn ich trat mit dem vollen Glase Wasser an das Fenster um meine Blumen zu begießen, als ich über meinen Fußschemmel stolperte, und das Wasser zwischen zwei Blumenstöcken ausschüttete. Wahrhaftig, ich bedauere sehr. —"

„O, das hat nichts zu sagen, gnädige Frau! Es ist ja reines Wasser, welches keine Flecken macht. Ich bin nur heraufgegangen, um zu erfahren, ob es aus Zufall oder Absicht geschah. Im Grunde bin ich selbst daran Schuld, weil ich gerade unter diesem Fenster stehen blieb, um Ihre prächtigen Blumen zu bewundern; denn ich bin nicht nur ein großer Blumenfreund sondern auch ein seltener Blumengärtner, ich darf wohl sagen Blumenkünstler. Ich habe im Hausgarten meiner lieben Braut einen Blumenflor angelegt, des Gleichen kein botanischer Garten aufzuweisen vermag."

„In diesem Falle hat Sie mein Glück in mein Haus geführt," rief der Alte plötzlich aus, dessen Vortreten der Nasse und die Trocknende, die ihn längst erblickt hatten, mit scheinbarer Ueberraschung aufnahmen. Nachdem er auch seinerseits den Unbekannten um Vergebung gebeten, der gelogen hatte, wie gedruckt, und aus der Erwähnung seiner Braut Beruhigung geschöpft für seine Eifersucht, fuhr er fort:

„Ich bin ein leidenschaftlicher Blumenfreund: und bitte Sie, mir bei der Pflege derselben mit Ihrer Blumenkunst fleißig beizustehen. Speisen Sie doch heute bei mir, damit wir bei einer Flasche guten Weines ausführlicher darüber sprechen können, wenn Du nichts dagegen hast, liebes Lottchen."

„Wie du willst, liebes Männchen! Deine Freude ist auch die meinige immer, das weißt du ja. Entschuldigen Sie mein Herr, ich muß jetzt in der Küche nachsehen!"

Sie entfernte sich. Noch am nämlichen Tage kaufte sich der Nasse und Wiedergetrocknete in einer Buchhandlung der Stadt ein Handbuch der Blumenzucht und studierte es so eifrig, daß er je öfter desto lieber dem Alten als lehrender Blumenkünstler in seinem Hause willkommen war, bis der Alte nach 14 Monaten abkratzte und der Nasse durch Vermählung mit der jungen trostlosen und getrösteten Wittwe sein Schäfchen ins Trockene brachte.

Ein Mißverständniß.

Zu einer jungen Wittwe, die mit ihrem Gatten, dem Opfer eines ungeschickten Arztes, in der glücklichsten Ehe gelebt hatte, kam ein Gerichtskommissär mit 2 Schätzern, um das Inventar aufzunehmen.

Als sie wieder auf dem Rückwege waren, sagte einer von den Schätzern zum Commissär:

„Das ist doch nicht recht und nicht schön von der jungen Wittwe, daß sie zu Ihnen sagte: „Sehen Sie dort an der Wand das Portrait meines lieben seligen kropfeten Mannes! Es ist mein einziger Trost!" Wie konnte sie nur so von ihrem Manne lügen, der doch bekanntlich einen sehr dünnen Hals hatte?"

Der Commissär lachte laut auf.

„Sie haben die Wittwe nicht recht verstanden, welche „geopferten," aber nicht „kropfeten" Mannes sagte."

Ob der Schätzer die Größe und den Werth seiner eigenen Dummheit zu schätzen wußte, darüber schweigt die Geschichte.

Wie eine Köchin Frieden kocht.

Es ereignete sich, daß zwei friedliche Mächte, obgleich sie unter einem Dache lebten, an einem Sonntage eine Schlacht liefern wollten: eine Küchenmagd und eine Kellnerin. Dieß ist sehr unpraktisch, da gerade diese zwei Geschöpfe im besten Einverständnisse miteinander leben sollten, nach dem guten alten Sprichworte: „Eine Hand wäscht die andere."

Was gab Anlaß zu diesem Kriege? Vielleicht hat eine von ihnen einen von den Anbetern der Andern — angesehen, und dieß ist freilich schon mehr, als ein liebendes Herz ertragen kann; oder vielleicht wollte eine schöner sein, als die Andere; denn Alles kann ein Frauenzimmer einem andern Frauenzimmer leichter verzeihen, als den Vorzug der Schönheit.

Kurz, die Schlacht begann!

Feuer und Wasser, — nämlich Küchenmagd und Kellnerin, — gaben zuvor einander allerlei komische Namen, die in keinem Kalender zu finden sind; bann streckten sie die Krallen unter ihren netten

Pfötchen hervor, um zum Andenken an die frühere Freundschaft Haare einander auszureißen, oder falsche Locken, eine unausstehliche Mode, da sie meistens nur Kopftrabanten weiblicher Faulheit sind, ausgenommen die Natur hat zu wenig Haare gelassen.

Eierschaalen, Salatwurzeln und anderes grünes Zeug, z. B. grüne Töpfe, irdene Schüsseln u. s. w. durchkreuzten schon als feindliche Kugeln die Luft, als die stattliche Köchin, die rechtmäßige Beherrscherin der Küchenmagd, mit ihrem Commandostabe, nämlich mit dem speisenzauberischen Kochlöffel zwischen die Streitenden trat, und — Frieden kochte ... indem sie den Kochlöffel ganz unparteiisch auf den Wangen der beiden kämpfenden Mädchen tanzen ließ.

Wie die Dienstboten ihre Herrschaften tranſchiren.

Während der Zeit eines Dienstbotenwechsels, da denselben nach dem Austritte bis zum Eintritte in den neuen Dienst einige Freistunden bleiben, saßen in einer abgelegenen Weinkneipe beim süßen Weine sieben Dienstmädchen: Louise, Marie, Fanny, Annchen, Wally, Pepi, Gustchen und thaten sich gütlich.

Peppi: Noch eine Halbe, Fräulein Kellnerin!"

Marie (stößt sie mit dem Ellbogen) „Wo denkst du denn hin? Wir haben ja schon anderthalb Maß getrunken!"

Peppi: „Ei, was, ich muß auch einmal eine süße Stunde haben; bittere Stunden hab' ich in diesem langen Vierteljahr genug gehabt!"

Louise: „Wie so, liebe Peppi?"

Annchen: Das mußt du uns erzählen."

Peppi: „Du kennst ja meine sogenannte gnädige Frau, die Büchsmadame; die hat mir die Erdäpfel und Zündhölzchen vorgezählt, und so oft ich auf den Markt ging, hätt' ich vom Marktinspektor ein Zeugniß bringen sollen, wie viel Grünes man für einen Pfennig kriegt."

Ännchen: „Das wär' mir das Rechte, so Eine könnt' ich brauchen; da müßt' ich meinen Kaffee bald aufgeben, wenn ich in der Frühe auf den Markt gehe!"

Peppi: „Ich wollt' nicht sagen, wenn die Büchselmadame für ihren Mann hausen thäte; aber der Zollaufseher mit dem langen Schnurbarte, der Zollaufseher, der ißt und trinkt halt gerne, gut, viel und oft. O du lieber Himmel! Wenn's ihr Mann wüßte! Aber der Spindigen will ich's eintränken!"

Gustchen: „Das geht noch an; aber mich hat die Eifersucht der Madame aus dem Hause gedrückt. Der gute Mann ist erst 24 Jahre alt, und ist mit dem alten sieben- und fünfzigjährigen Pantoffel verheirathet. Das Weib hütet den ganzen Tag hindurch wie ein Drache das Zimmer; seine einzige Erholung fand er, wenn der Drache in die Kirche geflogen war, und er ein vernünftiges Wort mit mir sprechen konnte."

Wally: „Das möcht' ich im Hause nicht probiren; da sind die gespreizten gnädigen Frauen gleich mit der Polizei und mit dem Schub da, und machen das größte Aufsehen', ohne zu bedenken, daß sie sich selbst die Nase abschneiden."

Fanny: „Ja wohl, und doch ist manche Frau selbst keinen Schuß Pulver werth. Vor einigen Tagen, an einem sehr kalten Dezemberabende war der Anbeter von meiner Frau da, einer von der Feder, der mir selbst schon Anträge machte, die ich aber verschmähte; es schaut ja nichts heraus bei ihm. Was thut nun der verwegene Mensch? Er vertraute der Frau, daß ich um seine Liebe mich bewerbe. Nun war Feuer im Dache. Ich wurde ganz blaß vor Zorn, denn eine solche Schlechtigkeit war mir noch nie vorgekommen. Rache war nun mein einziger Gedanke."

Marie: „Nun, die Rache war eben nicht schwer."

Fanny: Du hast Recht; aber eine so vollkommene Rache hätt' ich mir nicht tränmen lassen."

Gustchen: „Wie so?"

Fanny: „Der Herr von der Feder saß in Hemdärmeln gar vergnügt bei seiner Scharmanten, und zerlegte einen Kapaun so geschickt, daß ich mir dachte: wenn der Mensch so gut mit der Feder umgehen kann, wie mit dem Messer, so gibt's keinen Geschickteren in seinem Bureau. Der Herr war im Theater, ging nach demselben immer in seine abonnirte Gesellschaft, und kam vor halb 12 Uhr Nachts nie nach Hause."

Peppi: „Jetzt riech' ich schon den Braten! Der Herr ist gewiß unvermuthet nach Hause gekommen."

Fanny; „So ist's! Auf einmal schellt es zweimal; so, machte es immer der Herr, wenn er nach Hause kam."

Wally. „O weh, da war guter Rath theuer!"

Gustchen: Hat er sich nicht in einen Kleiderschrank, oder unter die alte Wäsche versteckt?"

Louise: „Ist er nicht durch einen wälschen Kamin hinaufgestiegen?" (fiel eine nach der andern in die Rede.)

Fanny: „Dazu war keine Zeit mehr. Er zog schnell seinen Rock an, und steckte seine Kappe in die Tasche. Nun wollte er in den finsteren Gang hinaus, um sich in einer Ecke so lange zu verbergen, bis der Herr Gemahl im Zimmer wäre."

Annchen: „Kein übler Gedanke!"

Marie: „Ei, wie schlau!"

Fanny: Dazu war er viel zu langsam. Zum größten Unglücke steckte der Herr den Schlüssel an der Thüre der Wohnung an. Da fiel mir ein ganz neues

Rettungsmittel ein. Schnell riß ich das Fenster auf; der Liebhaber mußte sich ohne Rock und Kappe, die ich in eine Truhe gelegt hatte, der Länge nach auf das leere Blumenbrett legen, das freilich ein wenig wackelte; nun machte ich das Fenster wieder zu, und stellte den Kapaun hinter die Bücher in der Bücherstelle des gnädigen Herrn. Da war er am sichersten, denn der Herr schaute seine Bücher oft monatelang gar nicht an. Die Frau strickte unbefangen an ihrem Strumpfe, und ich ging in die Küche hinaus; als der Herr eben in's Zimmer trat.

Gustchen: „Brav, Fanny, das war ein guter Einfall!"

Luise: „So geschickt wär' ich nicht gewesen; ich hätt' ihn höchstens unter die Bettstätte versteckt."

Annchen: „Das ist schon ein alter Spaß, der nichts mehr hilft."

Peppi: „Wie ging's nun weiter?

Fanny: „Der gnädige Herr schimpfte über das Theater, und machte Miene, den Schlafrock anzuziehen. Die Frau sagte aber ganz zärtlich zu ihm: „Liebes Männchen, heute mußt du mich schon in deine Gesellschaft führen. Die Frau von Fessel war da, sie wird auch mit ihrem Manne hinkommen; dann können wir zwei Frauen nach Herzenslust miteinander plaudern."

„Nun müßt ihr wissen, daß der Herr die Frau von Fessel gerne sieht; dieß weis meine Frau, und machte darauf ihre Rechnung. Richtig antwortete er, wie sie es erwartet hatte: „Ihr Weiber gehört in's Haus; laß du die Fessel hinrennen, wo sie will. Jetzt bring mir ein Stück Braten, dann will ich noch ein Glas Bier in der Gesellschaft trinken!" Die Frau stellte sich gekränkt, der Herr aß, blieb länger als eine Stunde da, um seine Frau zu versöhnen, und ging endlich fort."

Wally: „Gott sei Dank!"

Marie: „Die hat's verstanden!"

Fanny: „Wir machten das Fenster auf, und der Liebhaber war so erstarrt vor Kälte, daß wir ihn für todt hielten. Wir zogen ihn herein und rieben ihn tüchtig mit Schnee, bis er wieder zu sich kam. Ich aber war so maliziös, daß ich auch kleine Steinchen, die von den früheren Blumentöpfen noch auf dem Blumenbret liegen geblieben, mit dem Schnee auffaßte, und damit den Herrn von der Feder so tüchtig das Gesicht rieb, das er aussah, als hätte man ihn durch eine Distelstaude gezogen."

Die sieben Mädchen brachen in ein schallendes Gelächter aus.

Fanny fuhr fort: „Warum bist denn du von deiner affektirten Personasch weg, Marie?"

Marie? „Wegen der Kleidung. Stell' dir nur vor, die weiß und roth angestrichene Runkunkel wollte haben, ich sollte das Haar gescheitelt und ohne Locken tragen; nun aber hat mein Schatz, der Schorschl, der in einer Buchhandlung Ausläufer ist, und sich daher gewiß viel mit Büchern beschäftigt, zu mir gesagt: „Marie, trag Locken, so siehst du aus, wie eine Gräfin in einem Almanach; thu mir die Locken nicht weg!" Natürlich verlaß ich lieber den alten Spinnrocken, als meinen Schorschl."

Ännchen: „Gerade recht, daß du vom Spinnen redest; mich hat das Spinnen vertrieben. Das ewige Schnurren des Rädchens ist mir so fatal, und den Katarrh hab' ich gar nie verloren. So oft die Alte den Fuß aus dem Zimmer setzte, riß mir ihr boshafter Sohn, das Studentl, immer den Faden entzwei. Und dann das ewige Kommandiren! Der alten Hexe konnt' ich doch gar nichts recht machen. Sie duldete mir gar nichts von Seide auf dem Leibe, nicht einmal seidene Strümpfe und Schuhe von weißem Atlas, ohne die ich an Sonn- und Feiertagen gar nicht in die Kirche gehen könnte. „Eine Magd kann sich von ihrem Lohne keine seidenen Kleider anschaffen," sagte sie oft; „so was könne nicht mit rechten Dingen zugehen. Wenn ich etwas erspare, so sollt' ich es für mein Alter zurücklegen. Da bedank' ich mich schönstens! Ich will mich putzen, so lang ich noch jung bin; eine alte Schachtel schaut ohnehin kein Mensch mehr an."

Wally: „Hast Recht, Ännchen, man muß auch so etwas auf seinen Leib verwenden; wir müssen es auch mit dem Leib verdienen, indem wir uns die ganze Woche hindurch plagen, wie ein Hund. Schau nur, wie schnippisch!

„Es könne nicht mit rechten Dingen zugehen! Man sucht Niemand hinter den Ofen, wenn man nicht selbst hinten gesessen hat. Meine armselige Büchslmadame hätte gar oft nichts zu nagen und zu beißen gehabt, wär' ich nicht so ein guter Narr gewesen, meinen seidenen Rock, meine silberne Riegelhaube, meine goldene Halskette, u. s. w. für sie in's Pfandhaus zu tragen."

Louise: „Davon kann ich leider auch ein trauriges Lied singen. Meine Herrschaft ließ keinen Ball aus, war bei jedem Festessen, bei jeder Spazierfahrt. Der Fleck reichte nicht. Dann mußte dann das liebe Louischen aushelfen und zuletzt hätte man mich bis auf's Hemd ausgezogen. Freilich durfte ich aber auch thun, was ich wollte, Besuche empfangen und spazieren gehen. Ich würde es der Frau nicht gerathen haben, ein Wort dagegen zu sagen, da ich ihr gleich die Versatzzettel unter die Nase gehalten hätte."

Gustchen: „Ganz recht Louise, Wurst wider Wurst!"

Peppi: „Meine Frau war auch eine rechte Gans; den ganzen Tag that sie nichts, als Romane lesen, und verstand vom Kochen gar nichts. Sie war so

dumm, daß sie nicht einmal wußte, daß eine Brod=
suppe von Brod gemacht wird, und doch gab sie mir
Alles vor, aber immer so viel, als ich begehrte, weil
sie nicht wußte, wie viel nothwendig war. Die hab'
ich aber blau anlaufen lassen! Jeder Tag trug mir
im Durchschnitte 36—40 Kreuzer ein."

Wally: „Ich werde jetzt Köchin bei einer Schau=
spieler=Familie; zu kochen gibt's da nicht viel und
der Handel mit Freibilleten trägt mir auch manchen
Sechser. Die Frau Schauspielerin hat mir ver=
sprochen, mit Beihilfe ihres Mannes zu einer Lieb=
haberin abzurichten, so daß ich zum Theater gehen, und
in kurzer Zeit selbstständig mein Brod verdienen kann.

Als frühere Kellnerin hab' ich sehr viele Herrn,
und auch einige Theaterdichter kennen gelernt, die mir
schon Rollen einstudiert haben. Auf diese Anhänger
kann ich mich verlassen; sie waren im Kaffeehause
immer die größten Schreier; wenn die mich nicht
beim ersten Auftritte herausschreien, so ist's kein
Mensch im Stande. Dienen mag ich durchaus nicht
mehr!"

Fanny: „Ich auch nicht. Ich will —"

Marie unterbrach sie leise: „Sei still Fanny!
hinter der nur angelehnten Thüre dort, horcht ein
Zeitungsschreiber, soeben hab ich ihn im Vorbeihuschen
bemerkt, nun, wenn der unser Gespräch gehört hat,
so erzählt er es nächstens in seinem bißigen Blatt!
Trinkt aus, dann gehen wir in die Kaffekneipe!"

Alle trinken aus und entfernen sich.

So nun wird's genug sein, für's Extrablatt,"
sagte Dr. Zeisig; „es kann mit Ditschi=Datschi
gefüllt werden, wie eine lange Braunschweigerleber=
wurst."

„Aber Freund Zeisig, du darfst dich freuen!" er=
wiederte. Dr. Lungel.

„Warum?"

„Du fragst noch? Diese Stückeln sind ja alle in unserer Hauptstadt geschehen."

„So, das ist mir etwas ganz Neues," sagte Zeisig mit einem spöttischen Lächeln. „Desto besser, wenn es so ist, denn dann verstehen sie die Leser viel leichter."

„Ich will das Manuscript gleich in die Druckerei hinuntertragen;" äußerte Dr. Leber; „das gibt einen Hauptjux!"

„Horch!" rief Dr. Zeisig aufspringend; ich hörte einen fernen Donner. Sollte es

Ein Kanonenschuß

sein?"

Er nahm sein großes Fernrohr, trat an's Fenster und schaute in's Meer hinaus.

„Wahrhaftig, es ist ein Schiff in Sicht, das gerade unserm Hafen zusteuert. Viktoria, jetzt werden wir wieder Neuigkeiten genug erfahren. Da, schaut selbst, Freunde!"

Dr. Lungel und Dr. Leber überzeugten sich auf gleiche Weise.

Von 5 zu 5 Minuten feuerte das Schiff, welches durch das Fernrohr bald als eine französische Fregatte von 60 Kanonen erkannt wurde, einen Kanonenschuß ab und warf Anker 500 Schritte vor dem Hafen, in den es wegen dessen Seichtigkeit nicht einlaufen konnte.

Der Schiffskapitän, seine Offiziere und Diener kamen auf einem großen Boote in den Hafen und stiegen an's Land, von den herbeigeeilten zahlreichen Inselbewohnern, an deren Spitze der Gouverneur Pürzl mit seinen Beamten und Dr. Zeisig, als dessen Sekretär, mit seinen beiden Nebenredakteuren Dr. Lungel, und Dr. Leber sich befanden, mit endlosen Hurrahrufen empfangen.

Der französische Schiffskapitän Baron von Fresac, den seine Matrosen, wie Dr. Zeisig von ihnen später erfuhr, unter sich immer den Kapitän Freßsack zu nennen pflegten, zog seinen Federhut ab, und sprach mit lauter Stimme:

„Meine Herren!

„Frankreich ist jetzt eine Republik, die —"

„Vivat hoch die Republik!" riefen tausend Stimmen, ihn unterbrechend.

— „die den alten Wahlspruch neu belebt hat: Freiheit, Gleichheit, Brüderlichkeit!"

„Hoch, dreimal hoch!" erscholl es von allen Seiten.

„Nicht im Namen des Königs Louis Philipp, den Paris davongejagt hat, sondern im Auftrage der glorreichen Nationalversammlung, eigentlich dessen erhabenen Präsidenten, des Prinzen Louis Napoleon, erscheine ich hier."

„Hoch lebe, zehntausendmal hoch, der erhabene Präsident der Nationalversammlung, Prinz Louis Napoleon, der erlauchte Erbe aller Tugenden und aller Größe seines unsterblichen Oheims, des Kaisers Napoleon I.," schrie Dr. Zeisig zuerst vor Allen so gewaltig, daß ihm Lunge und Leber hätten zerspringen mögen.

Der Kapitän „Freßsack" warf dem Dr. Zeisig einen freundlichen und überaus wohlgefälligen Blick zu, während die dumme Einwohnerschaft wieder ein Hoch brüllte.

„Ich bin beauftragt," fuhr der Kapitän fort, „auf allen französischen Inseln die Republik zu verkünden, und allen Behörden und Bewohnern bringend zu empfehlen, den genannten alten Wahlspruch, besonders aber die Gleichheit so sehr als nur immer möglich, zur Wahrheit zu machen; mit der Freiheit pressirt's nicht gar so sehr, und die Brüderlichkeit wird sich nach und nach schon von selbst machen. Drei Tage lang werde ich hier mich aufhalten, und frisches Wasser und Proviant einnehmen, dann meine Reise fortsetzen, und bei meiner Rückkehr nach Paris Seiner Königlichen Hoheit, dem Prinzen Louis Napoleon, die vortreffliche Stimmung der edlen Bewohner der Inselhauptstadt mit begeisterten Worten schildern, und sie seiner besondern Huld und Gnade empfehlen."

Da war nun wieder Dr. Zeisig der Erste, der aus vollem Halse dem Kapitän ein donnerndes Vivat brachte, und sich dabei so lebhaft geberdete, daß nicht viel fehlte, um mit einem Zieler verglichen zu werden, der sich dreimal jubelnd auf dem Boden wälzt, wenn bei einem Festschießen ein Schütze den Punkt der Scheibe getroffen hat, und der Hanswurstl hinter ihr mit seinem Spitzhütl emporspringt.

Aber der pfiffige Zeisig, der in die Zukunft guckte, machte es nicht so, wie die meisten andern Leute, die nicht weiter sehen, als ihre Nasen reichen.

Auf geziemende Einladung des Gouverneurs folgte diesem der Schiffskapitän „Freßsack" in das hölzerne Gouvernement=Palais, denn alle Häuser der Hauptstadt, ohne Ausnahme, waren von Holz, woran die Insel einen unerschöpflichen Ueberfluß hatte, dagegen inwendig bei den besseren Ständen mit einem wahren Pariserluxus möblirt.

Dr. Zeisig mußte den Gouverneur, als Sekretär desselben, begleiten. Schnell sagte er zu Dr. Lungel: „Sogleich noch ein Extrablatt des Wochenblattes in der Druckerei ansagen, damit die Setzer sich gefaßt machen; ich komme gleich zurück, und diktire es. Fünfzig Exemplare werden auf weißen Atlas gedruckt."

Der Kapitän überzeugte sich bei der Geschäfts=Inspektion gar bald in seiner Unterredung mit dem Gouverneur und dessen Sekretär Dr. Zeisig, daß eigentlich dieser der wahre Gouverneur sei, indem

nur er über alle Angelegenheiten sogleich den sicher=
sten Aufschluß zu geben wußte.

„In einer Entfernung von 6 Stunden von hier
liegt die Insel Sankt Salvator," sagte der Kapitän Freßsack, „sehr fruchtbar, holz- und wasserreich,
aber unbewohnt. Der Herr Prinz-Präsident hat auch
diese Insel zu einem Aufenthalte für deutsche Aus=
wanderer und deutsche Flüchtlinge bestimmt; denn sein
gutes, mitleidiges Herz kennt keine Grenzen. Lassen
Sie, Herr Gouverneur, auf dieser Insel sogleich vorläufig 300 Häuser von Holz auf Kosten der Republik erbauen, damit die Ankommenden schon Alles zu
ihrem Unterkommen bereit finden. Ich hoffe, läng-
stens in 2 Jahren wieder hier einzutreffen. Auf der
Fregatte Fahrzu, die ich als republikanischer Kapitän
zu commandiren die Ehre habe, befinden sich viele
Auswanderer und Flüchtlinge, die sich hier ansiedeln
wollen; auch eine deutsche Schauspielergesellschaft und
ein paar Dutzend geschickte Photographen, welche bis
zu meiner Wiederkehr hier zu bleiben, und ohne Zweifel
gute Geschäfte zu machen gedenken. Ich empfehle sie
Ihnen bestens, Herr Gouverneur, und besonders auch
Ihnen, Herr Sekretär, Dr. Zeisig, da Sie mir sag
ten, daß Sie auch Redakteur eines Wochenblattes sind,
in welcher Stellung Sie wesentlich der Sache nützen
könnten."

„Verlassen Sie sich in dieser Beziehung ganz auf
mich, Herr Kapitän," erwiederte Dr. Zeisig mit
seiner freundlichsten und ergebensten Miene, „ich werde
mein Möglichstes thun, Ihrem Wunsche zu entspre-
chen, und hoffe, daß es meiner Feder gewiß gelingen
werde."

Der Kapitän erwiederte lächelnd:

„Für Ihre Güte, Herr Dr. Zeisig, will ich
Ihnen vorläufig durch die wohlgemeinte Warnung
danken, der ersten Liebhaberin der Schauspielergesell-

schaft, Amanda, ja nicht zu nahe zu kommen, sonst brennen Sie lichterloh. Ein schöneres weibliches Wesen hab' ich in meinem Leben nicht gesehen!"

Zu Ehren des Kapitäns wurde im Mustergasthofe zum Paradies ein großes Festessen gegeben. Bekanntlich ist ein solches von jeder Feier eines mehr oder minder bedeutenden Ereignisses unzertrennlich. Als Dr. Zeisig mit Dr. Lungel und Dr. Leber in den großen Speisesaal trat, brachte Jeder von ihnen auch einen respektablen Magen mit; sohin waren hier die Haupteingeweide des menschlichen Leibes vertreten.

Plötzlich stürzte Dr. Pflasterl, der Schiffsarzt der Fregatte Fahrzu, auf Zeisig hin, umarmte denselben und dessen beide Freunde, und rief freudig aus:

„Gottlob, daß ich euch wieder sehe!"

Da gab es nun der Reihe nach zärtliche Umarmungen.

„Was bringst du Neues aus Europa, lieber Freund?" fragte Dr. Zeisig.

„Mehr Altes, als Neues," antwortete Dr. Pflasterl.

„Du wirst wohl selbst schon wissen, daß du in Warschau gehängt worden bist?"

„Nein, wahrhaftig, das ist das erste Wort, welches ich davon höre," versetzte Dr. Zeisig. „Wie hängt man in Warschau die Leute auf, die man nicht hat? Dieses Recept wäre für die alten Nürnberger sehr nützlich gewesen, die bekanntlich Keinen aufhängten, den sie nicht hatten."

„Statt deiner hing dein Name am Galgen."

„Das geht noch an. Aber warum?"

„Weil du für den Aufstand der Polen geschrieben hast."

„Worte sind ja keine Kugeln."

Dr. Lungel und Leber lachten.

„Lachet nicht!" rief Dr. Pflasterl. „Euch beiden ist es aus gleicher Ursache auch nicht viel besser eingebrockt worden. Du, Lungel, bist zu lebenslänglicher, und du, Leber, zu zwanzigjähriger Zwangsarbeit in Sibirien begnadigt worden."

„Ei, meine Freunde und Collegen," äußerte Dr. Zeisig," laßt uns eine Dankadresse an die Gerichtsbehörde senden, die uns verurtheilt hat, und worin wir mit innigster Rührung danken, ich für meinen schmerzlosen Tod, und ihr für die erhaltene Gnade!"

„Ja, das wollen wir thun, das gibt einen Hauptjux!" erwiederten Dr. Lungel und Leber.

„Man hat aufgetragen!" erscholl eine kräftige Stimme, und Alle nahmen Platz. Der Kapitän machte bei diesem Festmahle seinem umgekehrten Namen „Freßsack" alle Ehre.

Ein blauer Montag

war zufällig der Tag der Ankunft der Fregatte Fahrzu, und die famose Kneipe zum „Trinkaus und Schenkein", welche außerhalb der Stadt, am entgegengesetzten Ende des Hafens lag, wimmelte von lustigen Gästen, welche nach alter deutscher Sitte oder Unsitte den blauen Montag feiern wollten. Es gab da guten Wein und vortreffliches Bier, von einem Bräumeister gebraut, der glücklicherweise die Chemie nicht einmal dem Namen nach kannte.

Die Blaumontägler waren mehr als benebelt, und weil das Singen zum Trinken gehört, so sangen sie folgendes Lied:

„Wir sitzen und trinken, und trinken und sitzen,
Und brauchen heut nicht bei der Arbeit zu schwitzen;
Im Schweiße des Angesichts Brod zu verdienen,
Das hat uns schon lange zu mühsam geschienen,

Drum wer den Blaumontag hat glücklich erfunden,
Dem werde ein Radischwoafkranzel gewunden.
Hoch lebe Blaumontag, er leb' dreimal hoch,
Und unter dem Deckel des Kruges das Loch!

Die Herrn von der Feder, die können leicht schreiben
Und was sie erfreut, nach Herzensluft treiben.
Wir könnten noch brauchen an Dienstag, an gelben,
Gern würden wir arbeitslos ehren denselben,
A Mittwoch, a rother, wär' auch nicht zuwider,
Da könnten wir singen gar lustige Lieder;
Den Donnerstag grün, und den Freitag, den
    grauen,
Den Samstag, den weißen, beim Maßkrug beschauen.
Es lebe die Woche, wie 's Herz sie verlangt,
Die blau, gelb, roth, grün, grau, weiß freuden=
    voll prangt!

Dieß ist wohl das rechte, das herrliche Leben,
Wir müssen und werden es selber uns geben,
Das Gegentheil kann keine Macht uns befehlen,
Und was uns beliebet, das können wir wählen,
Und kommen die Weiber mit häuslichen Zügeln,
Wir wollen trischacken sie tüchtig und prügeln,
Bis weicher sie werden, als weichestes Moos,
Dann blüht uns der Freiheit glückseliges Loos!"

„Wer will uns trischacken, wer will uns prügeln?" schrie eine Schaar von Weibern, bewaffnet mit Ofengabeln, Schürhaken, Besenstielen und abgebrochenen Hopfenstangen, die an der Hinterthüre sich gesammelt hatten, und jetzt brüllend und mit wüthenden Geberden in die große Schenkstube stürzten.

„Heraus mit unsern Männern, den versoffenen Tagedieben! Die andern Lumpen können thun, was sie wollen," bonnerten die Furien mit geschwungenen Waffen.

„Was Lumpen? Wer kann sagen, daß wir

sind! Auf, Kameraden, werfen wir die
[W]eiberbagage zur Stube hinaus!" rief der
Malzmartl, und schwang eine Sitzbank,
[w]ie einen Schild vor sich hinhielt! die Andern
es auch so: In diesem Augenblicke, und
[n]och der drohende Kampf begann, trat der
Diener Stichauf ein, in der linken Hand
[e]ine Brieftasche, in der rechten Hand einen

[„I]m Namen des Gerichtes Ruhe!" gebot er.
[„S]eid Blaumontägler. Ich werde eure Na[men]
[au]fschreiben, damit ihr mit Geldbuße oder Arrest
[bestraft] werdet. Mann für Mann soll mir Jeder
[s]einen Namen selbst nennen, obgleich ich schon die
[Namen] von Allen kenne."

[„R]echt so, recht so!" riefen die Weiber. „Be-
[kümmere] mich nichts; sperrt nur unsere Männer ein,
[die Lum]pen!"

„Wie heißt er?" fragte Stichauf den Nächsten.
„Was „er"? Ich bin kein „er"!"
„Also — wie heißt ihr?"
„Ich bin auch kein „ihr"!"
„Nu denn — wie heißen Sie?"
„Ich heiße Garnicht."
„Das kann nicht sein! Jeder Mensch hat einen
[Nam]en."
„Gut; mein Name ist halt Garnicht. Der Herr
[sagte] ja vorher uns weißgemacht, daß er die Namen
uns Allen kennt; warum weiß denn der Herr
[mei]nen Namen nicht, und will ihn mir nicht glauben?"
„Wir Alle heißen auch Garnicht!" ertönte es
[von] allen Seiten mit schallendem Gelächter.
„Das heißt ein Stück der Obrigkeit foppen wollen!
[Ich] werde sogleich meine Anzeige bei Gericht machen.
[Weh]e euch!"
Eben wollte er zur Thüre hinaus, als ihm eine

Menge von gedruckten Blättern an den Kopf flog, welche der Redaktionsdiener Laufer hereinschleuderte, und eiligst wieder davon rannte. Ein blaumontägiger Schreiber eines Notars hob ein Exemplar auf, stieg auf eine Bank, und las mit lauter Stimme:

„Außerordentliches Extrablatt des Meer-Fräuleins.

„Frankreich ist eine Republik geworden, mit Freiheit, Gleichheit und Brüderlichkeit! Dieß zur frohen Nachricht für die edlen Bewohner der Insel Bonoin, die dem erlauchten Präsidenten der Nationalversammlung, Seiner Königlichen Hoheit dem Prinzen Louis Napoleon, ein dreimal donnerndes Vivat bringen werden.

„Die Redaktion des Meerfräuleins.
Dr. Zeisig. Dr. Lungel. Dr. Leber."

„Freiheit! Freiheit!" schrie man auf allen Seiten. „Fort mit den bösen Weibern! 'naus! 'naus!" Mit vorgehaltenen Bänken trieben sie, nicht ohne kräftigen Widerstand, die von Wuth heulenden Weiber zur Thüre hinaus, und brüllten dann ihre endlosen Vivats.

„Jetzt bleiben wir erst extra sitzen, und trinken, bis im „Trinkaus und Schenkein" kein Tropfen Wein und kein Tropfen Bier mehr zu haben ist," rief der Malzmartl, und auf den Antrag des Schreibers wurde einstimmig beschlossen, am nächsten Tage Abgeordnete aus ihrer Mitte, die auch sogleich gewählt wurden, an den Herrn Dr. Zeisig mit der bringenden Bitte zu senden, ihnen ein tüchtiges Hausmittel zur Vertreibung ihrer bösen Weiber anzurathen.

Die schöne Amanda.

Der Schauspieldirektor hatte sein Theater in einer sehr großen, schnell geräumten Scheune, die auf Betrieb des Dr. Zeisig mit buntem Zeuge und mit

Guirlanden ausgeschlagen worden war, bereits errichtet, so daß noch am nämlichen Abende Agnes Bernauer gegeben werden konnte. Amanda spielte die Agnes meisterhaft; sie war jedoch so unvergleichlich schön, daß vor immerwährender Anschauung ihrer Schönheit, welche allen Männern die Köpfe verrückte, diese ihrem Spiele in der Zerstreuung nicht die gleiche Aufmerksamkeit schenken konnten. Selbst die Damen konnten ihr, obwohl mit blaßgrünem Neide, ihre Bewunderung nicht versagen.

Natürlich war auch der Kapitän Freßsack und der Gouverneur mit ihrem Gefolge, die drei Redakteure, und alle angesehenen Personen der Stadt, und so viele ihrer übrigen Bewohner anwesend, als nur immer die Scheune zu fassen vermochte. Als die unglückliche Agnes in die Donau geworfen war, tobte das hintere Publikum so lange, bis auf sein stürmisches Verlangen auch der Vicedom, der sie zum Tode des Ersäufens verurtheilt hatte, gleichfalls in die Wellen des Stromes geworfen wurde, wornach Alle sechsmal, Amanda aber zuvor schon zehnmal, herausgerufen wurden.

Nach dem Theater war Abendfestessen und Ball, vom Gouverneur veranstaltet, woran alle Gäste von Mittag im Gasthofe zum Paradies wieder Theil nahmen. Nach dem Wunsche des Kapitäns mußte die gefeierte Amanda oben den Ehrenplatz einnehmen; ihr zu Rechten saß der Kapitän, zur Linken der Gouverneur, welcher, bereits bis über die Ohren in sie verliebt, diese Gelegenheit benützen wollte, ihr mit den schmeichelhaftesten Worten seine Liebe zu gestehen. Die ganze Schauspielergesellschaft war gleichfalls eingeladen, verschlang ganze Schüssselladungen, und trank bodenlos, wodurch sie den Kapitän Freßsack förmlich beschämte.

Dr. Zeisig trug schon lange einen geheimen Groll gegen den Gouverneur in seinem Herzen, weil dieser, nachdem er bei Emilien, der Geliebten Zeisig's, mit Liebesanträgen jämmerlich abgefahren war, auf eine miserable Weise sich dadurch zu rächen suchte, daß er einen Monat lang die Sittlichkeit Emiliens und ihrer Arbeiterinnen überwachen ließ. Er würde dieß sicher nicht gewagt haben, wenn er das Verhältniß Zeisig's zu ihr gekannt hätte.

Dieser aber dachte seitdem Tag und Nacht, wie er sich deßhalb an dem Gouverneur recht tüchtig rächen könne, und glaubte, jetzt sei die günstigste Gelegenheit dazu gekommen. Denn er hatte schon bei dem Aufschlagen des Theaters, wobei auch der Gouverneur anwesend war, und in seinem Gespräche mit Amanda deutlich seine ganze Liebesbegeisterung verrieth, dieß wohl bemerkt, und darauf seinen Plan gegründet, der aber erst nach der Abreise des Kapitäns ausgeführt werden sollte.

Gleich nach dem Aufschlagen des Theaters schickte er Emilien mit einem Extrablatte ein Briefchen unter versiegeltem Couvert durch den Redaktionsdiener. Das Briefchen lautete:

„Liebe Emilie!

„Meine Rache an dem, der Dich so sehr gekränkt hat, beginnt. Schicke sogleich Deine Mutter zu Fräulein Monika, der Haushälterin des Gouverneurs, und lade sie ein, sofort zu Dir zu kommen, um recht viel Schönes und Neues aus Paris zu sehen, bevor es verkauft wird. Sobald dann Deine Mutter mit Monika allein ist, soll sie ihr sagen, daß ich sie, zu ihrem Besten, bitten lasse, unverzüglich mich zu besuchen, und zwar durch die Thüre auf der Rückseite meines Hauses. Was ich mit ihr dann verabreden werde, mag sie selbst Dir hernach erzählen.

Dein
Dich ewig liebender Ferdinand."

albe Stunde später trat Monika in Zei-
ler.
aben mich rufen lassen, Herr Doktor! Wo-
h dienen?"
willkommen, werthes Fräulein! Ich habe
ufen, sondern bitten lassen, mich zu be-
d zwar zu Ihrem Besten. Setzen Sie
efälligst!"
a nahm Platz auf dem Sofa, Dr. Zeisig
Stuhle, ihr gegenüber.
o zu meinem Besten, Herr Doktor?"
nuß mich kurz fassen, weil ich gleich her-
rer Angelegenheit einen dringenden Gang
habe."
weiß wirklich nicht, was ich mir denken

werden es gleich begreifen. Stets haben
obehandlung Emiliens mit Ihrem Ver-
hrt, und diese mich schon öfter ersucht,
ittel zu sinnen, wie ihnen geholfen werden

t soll diese Hilfe bestehen, Herr Doktor?"
ind 36 Jahre alt, und haben 18 Jahre
Gouverneur treu und redlich gedient, in
ihn so sorgfältig gepflegt, daß er Ihnen
, im Gefühle der Dankbarkeit, versprach,
rathen."
versprach!"
ch verspreche Ihnen, daß er Sie heirathen
: ein Monat vergehen wird."
glich! Ganz unmöglich!"
in gewohnt, zu halten, was ich verspreche;
r muß Sie heirathen, ohne daß ich hie-
nur ein Wort mit ihm spreche."
üßten Sie ja zaubern können!"
kann ich so ziemlich. Gehen Sie jetzt gleich

zu der Frau Wirthin im Gasthofe zum Paradies, und sagen Sie ihr, Sie wünschten bei dem heutigen Abendfestessen und Balle als Aufwärterin mitzuwirken, bloß zu Ihrem Vergnügen, um dieses Fest mit ansehen zu können; jedoch möge die Wirthin vorläufig Niemanden etwas davon sagen. Der Gouverneur, was ich bereits selbst gesehen habe, ist in die schöne Schauspielerin Amanda rasend verliebt, und allerdings fähig, einen dummen Streich zu machen. Er wird bei der Tafel ohne Zweifel neben Amanda sitzen, die übrigens selbst schon einen schönen jungen Mann zum Geliebten hat, den ersten Liebhaber bei dem Theater, Namens Alfred. Wenn nun der Gouverneur eben im zärtlichsten Gespräche mit Amanda begriffen ist, treten Sie hinter seinen Stuhl, und sprechen mit freundlichem Tone: „Darf ich um Ihren Teller bitten, Herr Gouverneur?"

„Gott, wie wird dieß enden?"

„Bald darauf mit Ihrer Hochzeit. Nur Muth gefaßt!"

„Wohlan, ich werde heute Ihren Rath befolgen."

„Recht so. Ich gehe jetzt zu Amanda, um ihr die Rolle zu diesem Lustspiele einzustudiren. Auf Wiedersehen, werthes Fräulein Monika!"

Diese entfernte sich dankend, aber voll Bangigkeit.

Dr. Zeisig eilte in Amanda's Wohnung, wo er auch Alfred, ihren Geliebten traf. Als er sich als Hauptredakteur des Wochenblattes „Meerfräulein" vorstellte, wurde er mit der größten Artigkeit aufgenommen, und beide empfahlen sich bestens seiner Nachsicht in Beurtheilung ihrer theatralischen Kunstleistungen; denn der Redakteur einer Zeitung ist immer eine höchst wichtige Person für Schauspieler, Schauspielerinnen, Sänger und Sängerinnen, Ballettänzer und Tänzerinnen.

„Ich bin so frei, mich an ihre Güte zu wenden, schöne und ausgezeichnete Künstlerin, Fräul. Amanda," begann Dr. Zeisig.

Amanda und ihr Alfred mochten wohl erwartet haben, angepumpt zu werden, was von einzelnen Theaterkritikern bisweilen geschehen soll, dennoch erwiederte sie mit der größten Liebenswürdigkeit:

„Sprechen Sie Ihren Wunsch aus, den ich mit dem größten Vergnügen erfüllen werde, wenn ich es im Stande bin."

„Ich bitte nur um Ihr Vertrauen und Ihr Schweigen, schönes Fräulein."

„Verlassen Sie sich auf mich, Herr Doktor!"

Nun weihte sie der pfiffige Zeisig in seinen ganzen Plan hinsichtlich des Gouverneurs ein, bewies ihr, daß sie zu einem guten Werke beitragen könne, und erhielt von Amanda, die laut auflachte, die förmliche Zusage, daß sie sich bestreben werde, der ihr zugedachten Rolle in diesem außertheatralischen Lustspiele alle Ehre zu machen, und Alfred bat, auch über seine Leistungsfähigkeit dabei nach Belieben zu verfügen.

Die drei Verschworenen schieden von einander in der größten Heiterkeit.

Daher kam es, daß Amanda bei dem Abendfestessen sich gegen ihren nächsten Nachbar zur Linken, den Gouverneur, äußerst liebenswürdig benahm, und ihn förmlich bezauberte, so daß er sie zärtlich bei der Hand faßte, und ihr sogar den Antrag machte, sie zu heirathen.

„Das geht denn doch nicht so schnell," erwiederte Amanda mit einem schmachtenden Blicke; „wir müssen uns zuvor noch näher kennen lernen, ohne daß es unser erster Liebhaber Alfred erfährt, der sterblich in mich verliebt ist, und mich mit seiner Liebe verfolgt, obgleich ich ihn nicht ausstehen kann. Er wäre im Stande, mich umzubringen, wenn er etwas davon erführe. Also vorsichtig! Ich bekomme mehrere Besuche von Kunstfreunden, empfange sie aber immer nur in Gegenwart meiner vertrauten Freundin, der Schauspielerin Eleonore. Sie können also zu mir kommen, wenn Sie wollen, aber nur immer Morgens nach der Probe. Tanzen Sie heute ja nicht mit mir, um keinen Verdacht zu erregen! Unser Verhältniß muß vorläufig ein Geheimniß bleiben!"

Wer war glücklicher, als der Gouverneur! In seinem Taumel hatte er keine Ahnung davon, daß hinter seinem Stuhle seine Haushälterin Monika schon lange in der kleidsamen Tracht einer eleganten Kellnerin als Zuhörerin stand, die nun sagte:

„Herr Gouverneur, darf ich um Ihren Teller bitten?"

Erschrocken über diese wohlbekannte Stimme wendete er sich um, und erwiederte zitternd vor Ueberraschung und Unwillen:

„Sie hier?"

„Ja, Herr Gouverneur; da ich die Ehre habe, Sie schon 18 Jahre zu bedienen, so hielt ich es für angemessen, auch heute meine Pflicht zu erfüllen."

Er schwieg, merkbar verstimmt.

Dr. Zeisig nickte seiner Mitverschwörerin Amanda lächelnd Beifall zu.

Den Schluß des Festes bildete ein brillantes Transparent. Eine Doppelthüre des Saales öffnete sich plötzlich, der Vorhang stieg in die Höhe und Louis Napoleon wurde in der strahlendsten Beleuchtung sichtbar. Nach einem dreifachen Trompetentusche hinter dem Mittelgrunde, trat Dr. Zeisig in schwarzer Wichs in dessen Mitte, verbeugte sich vor der Versammlung und hielt eine begeisterte Lobrede auf den Prinzen; nun schwebte ein kleiner Genius auf einer Wolke herab, in der Rechten eine prächtige, in der

Form einer Kaiserkrone von Emiliens kunstreicher Hand verfertigte Lorbeerkrone, und reichte sie dem Dr. Zeisig, der sie, unter wiederholtem dreifachen Trompetentusche, dem Prinzen auf das Haupt setzte. Ein stürmischer Applaus der Zuschauer, in welchen auch Freßsack einstimmte, brach los, als der Vorhang fiel.

Das ganze Fest endete in ungetrübter Freude, und als bald nach dem Gouverneur Monika nach Hause kam, war er sehr überrascht, nicht den geringsten Vorwurf aus ihrem Munde zu vernehmen.

Hat ihn schon!

Wenige Tage darauf war der Tag zur Abfahrt der Fregatte Fahrzu bestimmt, der Kapitän Freßsack zuvor noch mit einem reichlichen Frühstücke gefüttert, und dann von allen Notabilitäten, auch von Dr. Zeisig mit Lungel und Leber, an Bord des Schiffes begleitet, wo Dr. Zeisig dem Kapitän 10 Dutzend auf weißen Atlas gedruckte Extrablätter zur Verfügung überreichte. In diesen Extrablättern war die Geschichte mit der Kaiserkrone auf's Pompöseste dargestellt und ebenso dem Kapitän Freßsack das höchste Lob gespendet wegen seinen hohen Einsichten und seiner unbedingten Verehrung des Prinzen Louis Napoleon, so wie wegen der tadellosen Aufführung der ganzen Schiffsmannschaft während ihrer Anwesenheit in der Hauptstadt.

Unter Kanonendonner und Vivat des zahlreichen Volkes fuhr die Fregatte Fahrzu von dannen.

In der Hauptstadt waren seit der Abfahrt der Fregatte Fahrzu 3 Wochen ohne eine besondere Neuigkeit verflossen. Der Gouverneur war aus Sehnsucht nach der Vermählung mit der schönen Amanda bedeutend vom Fleische gefallen, daß es die Hunde, die etwa hinter ihm liefen, stückweise hätten auffressen können, wenn ihnen nicht ein anderes Fleisch lieber gewesen wäre.

Eines Morgens fand er Amanda allein in ihrem Zimmer, weil ihre Freundin Eleonore schnell zur Frau Theaterdirektorin war abberufen worden. Er stürzte zu ihren Füßen, und beschwor sie, ihm endlich ihr Jawort zu geben, ihn zu heirathen.

„Was wird Ihre treue Haushälterin dazu sagen, die wohl mit größerem Rechte auf Ihre Hand Anspruch hat, als ich?"

„Meine Haushälterin werde ich niemals heirathen."

„Ueberlegen Sie es wohl, bevor —— Himmel, ich höre Alfred! Ich kenne seinen Gang! O Gott, er ist nicht allein! Hinter ihm scheint noch Jemand zu gehen! Wenn er Sie bei mir allein findet, ersticht er mich auf der Stelle in seiner blinden Eifersucht, und Ihnen wird es nicht besser gehen. Was ist zu thun? Es gibt keinen andern Ausgang, als diese Thüre, durch die er kommt. Ha, schnell in meinen Kleiderschrank!"

Sie drängte ihn hinein, warf ihm seinen Hut zu, sperrte den Kleiderkasten und steckte den Schlüssel in die Tasche. Als sie dieß gethan hatte, setzte sie sich wieder an den Tisch, und studirte eine Rolle so ruhig, als wäre gar nichts vorgefallen.

Alfred trat mit einem Manne ein, und sagte:

„Liebe Amanda, da bring' ich einen Herrn Notar, um die Heirathsurkunde für uns zu fertigen. Wie? Du bist nicht fröhlich darüber? Du bist bestürzt, blaß und zitterst? Sprich, was ist geschehen? Wer war da? Verantworte dich!"

„Niemand war da!"

„Ah, wem gehören diese Mannshandschuhe auf dem Gesimse da?"

„Ich weiß es nicht, vielleicht dem Geliebten onorens, welcher er sie etwa zum Ausbessern "

Zugleich deutete die schelmische Amanda auf 1 Kleiderkasten.

„Lauter Lügen! Ohne Zweifel steckt in diesem derkasten dein geheimer Liebhaber."

„Oh nein, Niemand steckt darin."

„Gib den Schlüssel her, damit ich mich über· e!"

„Ich hab' ihn verlegt."

„So? Nun, wenn Niemand darin ist, so hat's ts zu sagen, wenn ich eine Kugel hineinschieße."

Alfred zog eine Pistole, und ließ den Hahn ten.

„Um Gotteswillen, halt ein, Alfred, ich will dir s gestehen!"

„Bekenne, Unglückliche!"

„Ein Mann kam zu mir mit der Neuigkeit, daß seine Haushälterin heirathen wolle, und bat mich, der Trauung eine Kranzeljungfrau zu machen, i ich ihm auch versprach. Als er Jemand kom· hörte, bestand er darauf, lediglich zur Schonung nes guten Rufes, sich in diesem Kleiderkasten ver· zen zu dürfen."

„Ah, wer ist dieser zartfühlende Mann?"

„Der Herr Gouverneur."

„Allen Respekt! Her mit dem Schlüssel zur Be= ung des edlen freiwilligen Gefangenen! Eben recht, der Herr Notar anwesend ist, so können unsere en Heirathsurkunden zur selben Stunde gefertiget den."

Der Notar ließ durch die Magd der Frau, bei cher Amanda wohnte, Monika holen, die über ihre plötzliche Heirath nicht wenig erstaunt war; denn der freigelassene Gouverneur, der natürlich in seinem Käfige Alles gehört hatte, mußte schon seines eigenen Rufes wegen in diesen für ihn sauern Apfel beißen.

Diese Heirath, des Gouverneurs und Monika's, war Dr. Zeisig's gelungenstes Werk. Die Doppeltrauung wurde nach 14 Tagen festlich begangen. Monika dankte herzlich dem Dr. Zeisig und Emilien, die ihr den ganzen Brautanzug zu liefern hatte.

Freiheit und Gleichheit.

Drei Monate waren nun verflossen, und die für neue Auswanderer und Flüchtige auf der benachbarten Insel Sankt Salvator bestimmten 300 hölzernen Häuser erbaut und eingerichtet. Die zwei Photographen hatten während dieser Zeit vollauf zu thun, und verdienten ungeheuer viel Geld; desto weniger, ja fast gar nichts mehr, die Modezauberin Emilie, weil es hieß, daß sie Dr. Zeisig's Geliebte sei, welcher, was verrathen worden war, den Blaumontäglern, die ihn deßhalb täglich bestürmten, versprochen hatte, ihnen ein wanzengiftähnliches Hausmittel zur Vertreibung ihrer bösen Weiber zu verschaffen. Die Weiber kauften also nichts mehr bei Emilien, sondern bei einem früheren Lernmädchen derselben, welches sich etablirt hatte, aber ihre Meisterin bei weitem nicht erreichte.

Zeisig wollte sich dafür rächen.

Eines Tages begegnete der Gouverneur demselben und sagte:

„Eben recht, daß ich Sie treffe, lieber Freund! Ich bedarf Ihres guten Rathes."

„Ich stehe ganz zu Diensten, Herr Gouverneur!"

"Mit meiner Frau bin ich im Grunde sehr zufrieden; aber sie ist nicht mehr so nachgiebig, wie früher; sie läßt es mir merken, daß sie jetzt meine Frau ist, wodurch ich meine frühere Freiheit sehr geschmälert sehe. Wie ist da, ohne Aufsehen zu machen, zu helfen?"

Nach kurzem scheinbaren Nachdenken antwortete Dr. Zeisig:

"Erlassen Sie eine Bekanntmachung folgenden Inhalts:

"An die edlen Bewohner der guten Insel-Hauptstadt!

"Es ist bekannt, daß Frankreich eine Republik geworden ist, mit **Freiheit**, **Gleichheit** und **Brüderlichkeit**. Diese drei Herrlichkeiten können im Ehestande nicht eingeführt werden, weil der **Ehemann** unter dem **Pantoffel** steht, und die **Ehefrau** dem Ehemann gesetzlich gehorchen muß. Beide haben also **keine Freiheit**. Eben so wenig gibt es zwischen ihnen eine **Gleichheit**, welche der Herr Regierungskommissär, Kapitän Freßsack, uns doch besonders bringend empfohlen hat; denn Mann und Weib sind von Geburt aus so wesentlich verschieden, daß sie es nie zur Gleichheit bringen können, und eben so wenig zur **Brüderlichkeit**, zu welcher sich nur das männliche Geschlecht eignet. Um nun wenigstens die Freiheit herzustellen für Mann und Weib, beschließt im Namen der Republik der unterzeichnete Gouverneur, der dabei auch keine Ausnahme machen wird, daß, außer den Wittwen und ledigen Mädchen, einstweilen versuchsweise nur aus unserer Hauptstadt, nach freier Abstimmung der Ehemänner, sämmtliche Ehefrauen nach der Insel **Sankt Salvator**, die dann den Namen **Fraueninsel**, wie die unsere den Namen **Herreninsel** erhält, in die dort neu erbauten Häuser gebracht und in wöchentlichen Sendungen mit den nöthigen Lebensmitteln versehen werden sollen."

Dr. Zeisig wußte den Gouverneur über jeden Zweifel zu beruhigen; die Abstimmung erfolgte siegreich, und alle Eheweiber wurden auf die Fraueninsel übergeschifft. Man war auf ihre Thränen gefaßt, aber nicht wenig überrascht, sie mit lautem Gelächter scheiden zu sehen, und gewiß haben sie nicht ohne Grund gelacht.

Die Blaumontägler kamen nun drei Tage lang nicht mehr aus dem Rausche heraus vor lauter Freude, ihre brummtöpfischen Eheweiber los geworden zu sein. Aber bald folgte dem leiblichen Katzenjammer auch der moralische Katzenjammer, als sie die Kosten der doppelten Haushaltungen bezahlen, und dabei nicht nur alle häuslichen Bequemlichkeiten entbehren, sondern sogar die meisten Arbeiten ihrer Frauen verrichten, ja sogar Kochen mußten, wobei es sich ereignete, daß einst ein auf den Markt geschicktes Mädchen von 10 Jahren, zum Mittagsessen für 27 Kreuzer Süppengrünes nach Hause brachte!

Jetzt wurde ihnen schon ganz schwindelig, und sie bedauerten das Fortschicken ihrer Eheweiber, und wünschten Freiheit, Gleichheit und Brüderlichkeit zu allen Teufeln. Es sollte aber noch ärger kommen. Nach 3 Wochen war ein Schiff mit Auswanderern und Flüchtigen im Hafen der Fraueninsel Sankt Salvator gelandet, und wenige Tage später erschien ein unter ihnen befindlicher Prokurator mit einem Schreiben bei dem Stadtgerichte und überreichte daselbst von allen forttransportirten Eheweibern, mit Ausnahme der Gouverneursfrau Monika, die ihm nur einen liebevollen Brief mit Erkundigung nach dem Befinden ihres geliebten Gemahls mitgegeben atte, was ihn wirklich rührte, unterzeichnetes Schreiben, worin sie auf gerichtliche Scheidung antrugen.

Zugleich war die fernere Bitte beigefügt, ihre hemänner ohne weiters anzuhalten, ihnen ihr in die he Eingebrachtes, sowohl an baarem Vermögen als u Hauseinrichtung, innerhalb 4 Wochen bei Vermeiung der Auspfändung und beziehungsweise des Schuldurmarrestes zu verabfolgen.

Das diese gerechten Bitten bewilligende gerichtche Erkenntniß gab ten **Blaumontäglern** und en übrigen Ehemännern ohne Ehefrauen ben **Gna=enstoß**; das Wasser der Angst und Reue stieg nen vom Geldbeutel bis an den Hals, und ihre erzen wurden nicht bloß **butterweich**, sondern gar **kernträge**. Sie beschlossen, mit Erlaubniß es Gouverneurs, Alle miteinander auf die **Fraueninsel** zu fahren, um ihre Weiber zur Rückkehr zu ewegen, was ihnen jedoch erst nach der Temüthiung fußfälliger Bitte, und nach dem heiligen Verprechen künftigen unbedingten Gehorsams gelungen t. **Monika** blieb zurück, einen Einladungsbrief res Gatten zur Rückkehr erwartend.

Als die verbannten Ehefrauen bei der Abfahrt ach der **Fraueninsel** so gemüthlich lachten, waren e außer Zweifel, daß gar bald ein anderer Wind ehen werde; denn sie wußten ja, daß die **Weiber in nothwendiges Uebel** seien, ohne welches ie Menschheit nicht bestehen könnte.

Von ihren reumüthigen Ehemännern erfuhren sie ie nähere Bestätigung, daß an ihrer Verbannung auptsächlich Dr. **Zeisig** Schuld sei, daher sie sich aburch rächten, daß sie von Stunde an das von ihm erausgegebene **Wochenblatt**, obgleich sie es schon ezahlt hatten, gar nicht mehr annahmen, und auch icht mehr darauf abonnirten. Dr. **Zeisig** lachte